BEI GRIN MACHT SICH IHR WISSEN BEZAHLT

- Wir veröffentlichen Ihre Hausarbeit, Bachelor- und Masterarbeit

- Ihr eigenes eBook und Buch - weltweit in allen wichtigen Shops

- Verdienen Sie an jedem Verkauf

Jetzt bei www.GRIN.com hochladen und kostenlos publizieren

Christiane Jakobi

Cultural Studies und Medien

Was sind „Cultural Studies"?

GRIN Verlag

Bibliografische Information der Deutschen Nationalbibliothek:

Die Deutsche Bibliothek verzeichnet diese Publikation in der Deutschen National-
bibliografie; detaillierte bibliografische Daten sind im Internet über http://dnb.d-
nb.de/ abrufbar.

Impressum:

Copyright © 2013 GRIN Verlag GmbH
Druck und Bindung: Books on Demand GmbH, Norderstedt Germany
ISBN: 978-3-656-54112-7

Dieses Buch bei GRIN:

http://www.grin.com/de/e-book/264793/cultural-studies-und-medien

GRIN - Your knowledge has value

Der GRIN Verlag publiziert seit 1998 wissenschaftliche Arbeiten von Studenten, Hochschullehrern und anderen Akademikern als eBook und gedrucktes Buch. Die Verlagswebsite www.grin.com ist die ideale Plattform zur Veröffentlichung von Hausarbeiten, Abschlussarbeiten, wissenschaftlichen Aufsätzen, Dissertationen und Fachbüchern.

Besuchen Sie uns im Internet:

http://www.grin.com/

http://www.facebook.com/grincom

http://www.twitter.com/grin_com

Kurzreferat

Cultural Studies und Medien

Was sind „Cultural Studies"?

Entstanden sind die Cultural Studies in den 1950er Jahren in Großbritannien, als Hoggart und Williams den Begriff in ihren Arbeiten gebrauchten und zunehmend Erwachsenenbildung an Bedeutung gewann und Wissenschaft auch außerhalb von Expertenrunden sowie Universitäten öffentlich wurde (vgl. Marchart 2003; Pirker 2010).

Cultural Studies beschäftigen sich mit Alltagspraktiken, kulturellen Konflikten sowie mit Fragen soziokultureller Macht (vgl. Hepp 2010). Es lässt sich bereits hier erkennen, dass es sich um einen komplexen Ansatz handelt. Keinesfalls lassen sich die Cultural Studies als eigenständige wissenschaftliche Disziplin verstehen, sondern bilden eine multidisziplinäre bzw. interdisziplinäre Analyse im Hinblick auf kulturelle Fragen. So komplex der Gegenstandsbereich der Cultural Studies ist, lässt sich auch der Begriff nicht eindeutig definieren (vgl. Pirker 2010). Allerdings werden oft folgende Schlagwörter für das bessere Verständnis des Kultur-Begriffs unter den Cultural Studies verwendet, die z.B. Marchart (2008) darstellt:

1. Kultur ist eine ganze und umfassende Lebensweise („a whole (...) way of life" (vgl. Williams 1981:11)). Es gibt also kein Leben/Ort, das nicht mit der Kultur verbunden ist.

2. Kultur ist gewöhnlich (culture is ordinary (vgl. Williams 1981:ix)), was heißt, dass Kultur etwas alltägliches ist.

3. Kultur ist affektiv („structures of feeling" (Williams 1981:viii)), sie basiert auf Erfahrungen welche sich in einer Gemeinschaft verbindet.

4. Kultur ist ein Konfliktfeld („a whole way of conflict" (Thompson 1961:33)), ein ständiger Kampf um Bedeutungen.

Letzteres verdeutlicht weiterhin den wichtigen Aspekt der Macht. Identitäten werden immer von Machtverhältnissen dominiert, sie sind also nicht gleichberechtigt. Die Analyse von kulturellen Identitäten dient in den Cultural Studies dem Aufzeigen von Machtverhältnissen. (vgl. Marchart 2008). Die drei zentralen Begriffe (Kultur, Macht und Identität) stehen in einer ständigen Wechselbeziehung in dessen Mitte die Cultural Studies stehen.

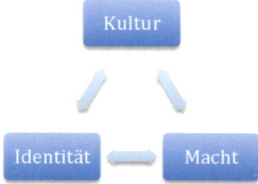

Abb.1: „Magisches Dreieck der Cultural Studies" (Marchart 2008: 34)

Da die Cultural Studies keine eigenständige Disziplin darstellen fehlt eine eigene Methode, aufgrund ihrer Interdisziplinarität können sie sich allerdings, was vielfach kritisiert wird, den

Methoden aus anderen Fachrichtungen (z.B. Soziologie, Sprachwissenschaften, Ethnographie) bedienen (vgl. Pirker 2010). Weiterhin wird den Cultural Studies vorgeworfen es gäbe einen Mangel an Objektivität, da die Beachtung eigener Erfahrungen bei der Forschung einen Außenblick auf das Forschungsobjekt nicht zulasse (vgl. Pirker 2010). Die Vielzahl an unterschiedlichen Perspektiven und Theorien führte zu einem Entwicklungsprozess, den Rojek in vier „Momente" teilt, wobei sich diese kreuzen und ineinander verwoben sind (vgl. Pirker 2010 zit. nach Rojek (2007)):

Moment	Zeit	Methode	Beschäftigung mit
National-Popular	1956-1984	Klassisch soziologisch	Jugend-/Subkultur
Textual-Representational	1958-1995	Semiotische Analysen	Populärkultur, Alltag, Medien, Film
Globalization/Post-Essentialism	Ab 1980		Identität marginalisierter Gruppen
Gouvernementality/Policy	Ab 1985		Institutionen, Politiken die kulturelle Praktiken regulieren/(mit)produzieren

Tab.1: Vier „Momente" (vgl. Pirker 2010 zit. nach Rojek (2007))

Hoggart gründete 1964 an der Universität von Birmingham das Centre for Contemporary Cultural Studies (CCCS) und bewirkte somit die Institutionalisierung des Ansatzes (vgl. Pirker 2010). In Folge dessen verzeichneten die Cultural Studies schon früh Differenzierungen, welche in den 1970er Jahren zu einer Verbindung der Elemente des Kulturalismus und des Strukturalismus führte (vgl. Pirker 2010; Winter 2001). Nicht nur eine theoretische Differenzierung muss im Hinblick auf die Entstehungsgeschichte der Cultural Studies beachtet werden sondern auch eine räumliche Ausdifferenzierung. So kam es Ende der 1980er bis Anfang der 1990er Jahre zu einer internationalen Ausweitung der Cultural Studies (vgl. Hepp 2010) woraufhin es zu länderspezifischen Schwerpunktsetzungen kam. In Deutschland liegt die Konzentration auf der Analyse von Medienangeboten und Medienwirkungen (vgl. BMUKK).

Da sich die Kultur stets verändert, sind die Cultural Studies einem dynamischen Prozess unterlegen (vgl. Marchand 2003). Abschließend lässt sich sagen, dass nicht alles was die Kultur zum Gegenstand hat auch tatsächlich mit den Cultural Studies zu verbinden ist (vgl. Pirker 2010; Marchand 2003). So sind auch die Kulturwissenschaften von den Cultural Studies zu trennen (vgl. Hepp 2010).

Literaturverzeichnis

Hepp, A. (2010): Cultural Studies und Medienanalyse. Eine Einführung. 3. Aufl. Wiesbaden: VS Verlag für Sozialwissenschaften

Marchart, O. (2003): Warum Cultural Studies vieles sind, aber nicht alles. Zum Kultur- und Medienbegriff der Cultural Studies. URL (19.05.2013): http://www.medienheft.ch/dossier/bibliothek/d19_MarchartOliver.html.

Marchart, O. (2008): Cultural Studies. Konstanz: UVK.

Pirker, B. (2010): Cultural-Studies-Thoerien der Medien, In: Weber, S. (Hrsg.): Theorien der Medien, 2. Aufl. Konstanz: UVK, 145-169.

Thompson, E.P. (1961): The Long Revolution. Review of The Long Revolution, In: New Left Review, No. 9 u. 10. S. 24-33 u. S. 34-39.

Williams, R. (1981): The Sociology of Culture. Chicago: The University of Chicago Press.

Winter, R. (2001): Die Kunst des Eigensinns. Cultural Studies als Kritik der Macht. Weilerswist: Velbrück Wissenschaft.

Sekundärliteratur

Rojek, C. (2007): Cultural Studies. Cambridge: Polity Press.

Internetquellen

BMUKK (2013): Cultural Studies. Einführung. Diskursive Formationen und Positionen. URL (19.05.2013):
http://www.mediamanual.at/mediamanual/workshop/cultural/einfuehrung/index.php.